Bruno Griemens
Ich verlass mich voll auf dich

Bruno Griemens

Ich verlass mich voll auf dich

Gebete für Schülerinnen und Schüler

Illustrationen von
Lukas Ruegenberg OSB

Verlag Butzon & Bercker Kevelaer

Die Deutsche Bibliothek – CIP-Einheitsaufnahme

Griemens, Bruno: Ich verlass mich voll auf dich : Gebete für Schülerinnen und Schüler / Bruno Griemens. Mit Ill. von Lukas Ruegenberg. – 2. Aufl. – Kevelaer : Butzon und Bercker, 2000
 ISBN 3-7666-0193-8

ISBN 3-7666-0193-8

© 1999 Verlag Butzon & Bercker D-47623 Kevelaer
2. Auflage 2000
Alle Rechte vorbehalten
Umschlaggestaltung: Christoph Kemkes, Geldern
Umschlagillustration: Lukas Ruegenberg OSB, Maria Laach
Satz: Kontext – Satz & Layout, Lemsel
Druck und Bindung: WILCO, Amersfoort (NL)

Inhalt _____

Vorwort _____

Liebe Leserin,
lieber Leser!

Warum eigentlich beten?
Die Antwort, die der christliche Glaube darauf gibt, ist im Grunde genommen ganz einfach: weil Gott unser Partner, unser Verbündeter sein will; weil er uns liebt, für immer. Jesus hat uns das deutlich gemacht, indem er sagte, dass wir Gott sogar Vater nennen dürfen. Unvorstellbar, aber wahr!
Deshalb ist es gut, wenn du dir jeden Tag etwas Zeit nimmst, mit deinem göttlichen Verbündeten zu sprechen: ihn zu loben, ihm zu danken, ihn zu bitten, also dein ganzes Leben, dein Leid und deine Freude, dein Denken, dein Fühlen und dein Tun, deine Ängste und deine Hoffnungen, deine Pflichten und deine Wünsche vor Gott zu tragen und vor ihm zu bedenken.
Beten heißt also, das Leben vor Gott zur Sprache zu bringen. Im Vertrauen darauf, dass du ihm nicht gleichgültig bist, kannst du so jeden neuen Tag mutiger und bewusster erleben. Es ist nämlich nicht Gott, der dein Gebet braucht, sondern es ist dein Leben, das das Gebet braucht.

Im Gebet solltest du versuchen, Gottes Willen zu erkennen und dein Leben daraufhin auszurichten. Wichtig ist nur, dass du daran glaubst, in ihm zur Ruhe zu kommen und Heil zu finden. Wenn du das tust, erfährst du immer wieder eine Korrektur, entdeckst du „die Richtung" neu und darfst du hoffen, dass dein Leben seinen Sinn und sein Ziel letztlich nicht verfehlen wird.

Wenn dein Leben das Gebet braucht, bedeutet das, dass du es nicht deiner „Laune" überlassen solltest. Du solltest nicht bloß dann beten, wenn dir danach zumute ist: Es ist gut für dich, regelmäßig zu beten, weil dies deinem Leben nicht nur ein verlässliches Fundament gibt, sondern dich auch frei macht von allen möglichen Zwängen unserer komplizierten Welt. Gleichzeitig erinnert dich das tägliche Gebet an die Verantwortung, die du persönlich im Alltag – etwa in der Familie, in der Schule, im Verein oder im Freundeskreis – zu übernehmen hast.

Weil Gott wirklich dein Vater ist, kannst du natürlich immer und überall beten, ohne nach „großen Worten" suchen zu müssen: Gott versteht dich, er freut sich über dein Gebet. Wenn du etwas von dieser Nähe Gottes spürst, wirst du auch mehr Mut gewinnen, deinen Glauben zu bekennen.

Ein Letztes ist wichtig: Missbrauche Gott nicht mit deinem Gebet! Es gibt Menschen, die nur beten, wenn

sie sich in Not befinden und Angst haben. Gebete sind aber keine Zaubersprüche, mit denen du die Welt direkt verändern kannst. Vielmehr verändert ihre verwandelnde Kraft dich: Du verstehst selbst ein wenig besser und spürst deutlicher, was zu tun oder zu lassen ist. Du wirst bereit und fähig, die Welt nach dem Auftrag Jesu zu verändern, bis sie durch Gott endgültig gut wird.

Auf den folgenden Seiten findest du eine Menge verschiedener Texte. Ich hoffe, dass diese „fremden" Texte dich ganz persönlich ansprechen und so zu deinem Gebet werden.
Die besten Gebete sind natürlich diejenigen, die man spontan spricht, wenn man glücklich ist, wenn man traurig ist, wenn einen irgendetwas Besonderes bewegt ... Dann habe ruhig einmal den Mut, einfach so, ohne vorgefertigtes Gebet, vor Gott zu treten und mit ihm zu reden. Er wird dich hören!

Würselen, im August 1998   Bruno Griemens

Mit Gott in Kontakt _____

Ich glaube an Gott, unseren Herrn.
Er hat die ganze Welt geschaffen.
Für uns ist er wie ein Vater oder wie eine Mutter.
Er liebt und versteht uns Menschen.
Er lässt uns nie allein.

Ich glaube an Jesus Christus, Gottes Sohn.
Er ist auf die Erde gekommen, um uns zu helfen.
Er ist für uns am Kreuz gestorben.

Er ist von den Toten auferstanden.
Er lebt nun für immer bei uns.

Ich glaube an die Kraft Gottes, den Heiligen Geist.
Er wirkt in unserer Welt.
Er ist der Geist Jesu
und wirkt auch in mir und durch mich
als Geist der Liebe und des Friedens.

Gott, heute Morgen komme ich zu dir:
Du sorgst für mich.
Du beschützt mich.
So gehe ich voll Vertrauen
in diesen neuen Tag.
Vieles muss ich heute tun,
in der Schule und zu Hause.
Hilf mir, dass ich alles gut mache.

Aber ganz gleich, was passiert,
du bist bei mir,
du verstehst mich,
du nimmst mich an,
du lässt mich nicht allein,
auch wenn ich einmal Mist baue.

Herr Jesus,
du hast deinen Freunden versprochen,
bei ihnen zu bleiben bis ans Ende der Welt.
Auch ich bin dein Freund
und deshalb nie ganz allein.

Und weil ich dich nicht sehen kann,
hast du mir ein Zeichen geschenkt:
das heilige Brot.
Hier bist du ganz nah bei mir,
in mir, mitten in mir.

Es gibt ein Sprichwort, das lautet:
„Liebe geht durch den Magen."
Das verstehe ich nun ganz neu!

Ich glaube an Gott,
den Vater aller Menschen;
er hat alles erschaffen und gut gemacht.

Ich glaube an Jesus Christus,
den Sohn Gottes,
unseren Bruder;
er ist für uns gestorben
und auferstanden.

Ich glaube an den Heiligen Geist,
der Leben und Freude schenkt.

Ich glaube an die Gemeinschaft der Kirche,
die Menschen weltweit verbindet
im gemeinsamen Glauben
an den guten Gott.

Du, Heiliger Geist,
stärke mich,
wenn ich schwach bin;
ermutige mich,
wenn ich ängstlich bin;
baue mich auf,
wenn ich hoffnungslos bin.

Du, Heiliger Geist,
begeistere mich,
dass ich Feuer und Flamme bin,
wo Gleichgültigkeit herrscht;
dass ich Sturm bin,
wo Langeweile sich breit macht;
dass ich Sonne bin,
wo Traurigkeit überhand nimmt.

Ich glaube,
dass Gott
in jedem Menschen ist.

Ich glaube,
dass mit dem Menschen
auch Gott übersehen wird.

Ich glaube,
dass Gott
in unserem Leben da ist –
in Freude und Schmerz,
in Einsamkeit
und Gemeinschaft.

Du unbegreiflicher Gott,
manchmal fällt mir das Beten schwer.
Dann weiß ich gar nicht,
was ich dir sagen soll.
Hörst du wirklich auf mein Beten?
Hast du wirklich Zeit für mich?
Verstehst du mich wirklich?

Gott, lass mich deine Nähe spüren.

Wenn es mir gut geht, Gott,
denke ich oft gar nicht an dich.
Meistens bete ich nur,
wenn ich in Not bin.
Wenn ich so darüber nachdenke,
wird mir klar, dass ich dich da ziemlich ausnutze.

Du freust dich bestimmt auch,
wenn ich dich einmal lobe, dir danke
oder einfach erzähle, was mich bewegt.

Ich glaube,
das täte auch mir ganz gut.

16

Ich nehme mir vor,
dich wieder mehr in mein Leben hineinzulassen.
Verzeih mir!

Guter Gott, manchmal ist es gar nicht so einfach,
zu glauben, dass du bist.
Ich kann dich ja
nicht sehen, nicht hören, nicht greifen
wie einen Gegenstand oder einen Menschen.

Ich spüre aber auch,
dass doch alles sinnlos wäre
ohne dich, ohne letztes Ziel
ohne diese große Hoffnung,
die sich Auferstehung nennt.

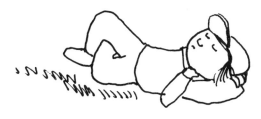

Danke, guter Gott, dass du mich geschaffen hast.
Danke, dass ich sein darf, wie ich bin.
Danke für meine starken und
meine schwachen Seiten.
Danke für alle meine Freunde.
Besonders aber danke,
dass ich „du" zu dir sagen darf!

Gott!
Du sagst ja zu mir,
wenn ich mutlos bin.
Du sagst ja zu mir,
wenn ich unglücklich bin.
Du sagst ja zu mir,
wenn ich sauer bin.
Du sagst ja zu mir,
wenn ich fix und fertig bin.
Du sagst ja zu mir,
wenn ich versage.
Du sagst ja zu mir,
wenn alle nein sagen.

Das baut mich auf,
das macht mich stark:
Danke.

Guter Gott, ich bitte dich:

Sei vor mir,
um mir den rechten Weg zu zeigen,
wenn ich irre.
Sei neben mir,
um mich in die Arme zu schließen,
wenn ich einsam bin.
Sei hinter mir,
um mich zu bewahren,
wenn man mir in den Rücken fällt.
Sei unter mir,
um mich aufzufangen,
wenn ich zu Fall komme.
Sei in mir,
um mich zu trösten,
wenn ich traurig bin.

Sei um mich herum,
um mich zu verteidigen,
wenn andere über mich herfallen.
Sei über mir,
um mich zu segnen,
wenn ich erwachsen werde.

Guter Gott, dein Name ist „Jahwe".
Das bedeutet: „Ich bin immer für euch da!"

Ich darf also darauf vertrauen,
dass du auch bei mir bist,
alle Tage meines Lebens,
geheimnisvoll und unsichtbar,
doch nahe wie ein guter Freund.

Halte und begleite mich in meinem Leben.
Zeig mir deine Nähe, heute und alle Tage.

Jesus, mein Bruder,
bei dir wurden viele Menschen
wieder heil und froh.
Auch ich brauche oft genug Hilfe,
nicht nur bei den Hausaufgaben
oder vor Klassenarbeiten,
sondern bei vielen Fragen des Lebens.

Jesus,
begleite mich durch mein Leben,
bleibe mir Vorbild,
und schütze mich jeden Tag.

Herr, ich bin getauft.
Dadurch bin ich Mitglied deiner Kirche geworden.
Meine Eltern haben das so für mich entschieden.
Inzwischen bin ich älter geworden und reifer.
Jetzt bin ich langsam an der Reihe,
das Ja zu meinem Glauben selbst zu sagen.
Um das zu können,
muss ich mich um meinen Glauben bemühen,
so gut es geht.
Es wird nicht einfach werden,
aber mit deiner Hilfe werde ich es schaffen.

Herr, Jesus Christus,
niemand konnte dir etwas anhaben.

Man hielt dich für verrückt,
nannte dich Fresser, Säufer, Gotteslästerer;
man lieferte dich Pontius Pilatus aus,
quälte dich, beleidigte dich;
man nagelte dich an das Kreuz.

Du aber bautest felsenfest auf deinen Vater,
auf unseren Vater: Gott!
Und er hat dich nicht verlassen,
er blieb dir treu bis in den Tod,
bis in die Auferstehung.
Deshalb wage ich heute zu glauben:
Du bleibst auch mir treu über den Tod hinaus.
Was soll mir da noch Angst machen!

Ich glaube,
dass mein Leben nicht umsonst ist.

Du, Gott, gibst ihm einen Sinn,
und niemand kann diesen Sinn zerstören.

Und niemand kann mir den Glauben nehmen,
dass du mir Grund genug zum Leben bist,
mehr noch, als ich selbst es begreifen kann.

Ich glaube,
dass mein Leben nicht umsonst ist.

Ich habe Zeit:
Zeit zum Arbeiten und Zeit zum Faulenzen,
Zeit für Freunde und Zeit für mich selbst,
Zeit zum Reden und Zeit zum Schweigen,
Zeit zum Nachdenken und Zeit zum Ausgelassensein.

Aber gibt es auch eine Zeit für mich und Gott?

Gestern sah ich im Fernsehen,
wie ein Psychologe versuchte,
einem Ehepaar zu helfen,
das sich tief zerstritten hatte.

Die Partner mussten sich fest
an den Händen halten
und einander in die Augen schauen.
Dann durften sie sich anschreien und beschimpfen,
dass die Fetzen flogen.
Einzige Bedingung war:
Sie durften sich nicht loslassen!

Gott, da dachte ich an dich und mich.
Ich streite mit dir,
ich klage dich an,
ich zweifle an dir,
ich benutze dich,
ich verleugne dich,
ich vergesse dich.
Aber irgendwie lasse ich dich nicht los,
weil du mich hältst.

Du, Jesus,
du bist kein Schwätzer,
du bildest dir nichts ein,
zählst dich nicht zu den oberen zehntausend,
lässt dich nicht mit Sie anreden,

sitzt nicht arrogant auf dem hohen Ross,
hängst nicht vor der Glotze,
feilschst nicht um gute Noten,
bist nicht gegen alles,
bist nicht für alles.

Du bist für mich
der Funke Hoffnung,
das Licht am Horizont,
die Freude am Leben;
ganz einfach
und doch so viel mehr:
das Leben selbst.

Gott, wenn ich dich doch sehen könnte
wie einen Menschen, der vor mir steht!
Wenn ich dich doch hören könnte
wie einen Menschen, mit dem ich mich unterhalte!
Wenn ich dich doch spüren könnte
wie einen Menschen, der mich umarmt!

Manchmal ahne ich etwas von dir,
fühle dich in meinem Innersten,

merke, dass du mich ergreifst,
nehme wahr, wie du mich erfüllst.
Dann bin ich mir gewiss: Du bist da!

Guter Gott!
Wie oft habe ich das schon erlebt:
Auf Schatten folgt Licht,
auf Regen folgt Sonne,
auf Ärger folgt Zufriedenheit,
auf Trauer folgt Freude.
So ist das Leben!

Auf den Tod folgt ein Leben bei dir.
Das macht mich ruhig und mutig zugleich!

Es ist Gottesdienst:
Predigt, Wandlung, Kommunion.
Ich gehe nach vorn zum Altar
und nehme das heilige Brot.

Ich komme zurück in die Bank.
Neben mir sitzt dieser Typ!
Ich hab ihn noch nie gemocht.
Ein richtig komischer Typ!
Ich löse die Hände,
in die ich mein Gesicht vergraben habe.
Ich schaue ihn wie zufällig an.
Er lächelt.
Ich lächele zurück.
Brot des Lebens, Brot der Gemeinschaft!

Eine Schlange legt ihre alte Haut ab.
Sie bleibt, was sie war, und ist doch ganz neu.
Ein Krebs entledigt sich seines alten Panzers.
Er bleibt, was er war, und ist doch ganz neu.
Eine Raupe wandelt sich zum Schmetterling.
Sie bleibt, was sie war, und ist doch ganz neu.
Ich bete.
Ich bleibe, wer ich war, und bin doch ganz neu!

Guter Gott, manchmal frage ich mich:
Wo bist du,
wenn ich traurig bin?
Wo bist du,
wenn ich versage?
Wo bist du,
wenn ich schuldig werde?
Wo bist du,
wenn ich verzweifelt bin?

Zeig dich mir deutlicher,
wenn ich glaube,
dass sich alles gegen mich wendet,
damit ich mehr Zuversicht habe,
mein Leben zu meistern.

Ich darf es glauben:
Du liebst mich, Gott!
Es ist nicht nötig,
dass ich den ersten Schritt tue,
du hast ihn schon längst getan!
Ich kann dich nicht sehen,
nicht fühlen,
nicht be-greifen.
Und trotzdem:
Du bist da!
Du bist immer bei mir,
verlässt mich nie.
Du bist mir Vater und Mutter,
Bruder und Schwester.
Jesus hat uns das bezeugt:
durch sein Leben,
durch seinen Tod
und durch seine Auferstehung!
Ich bin froh, dass das so ist.

Jesus nannte Gott nicht nur „Vater",
er nannte ihn sogar „Abba"!
Das ist ein Wort aus der aramäischen Sprache
und bedeutet so viel wie „Papa".

Wenn Gott wie ein Papa ist,
dann brauche ich vor ihm keine Angst zu haben.
Dann kann ich ihm alles sagen.
Ich brauche mir nicht zu überlegen,
welche Worte besonders gut klingen,
denn er versteht mich.

Und vor allem, er ist immer bei mir;
ich brauche nichts und niemanden zu fürchten.
Darüber müsste ich mir viel öfter im Klaren sein.

Gott!
Du bist so groß,
in Jesus hast du dich unvorstellbar klein gemacht.
Du bist so fern,
in Jesus bist du uns ganz nahe gekommen.
Du bist so allmächtig,
in Jesus bist du äußerst menschlich geworden.
Du bist so unfassbar,
in Jesus bist du einfach spürbar geworden.
Du bist ewig,
in Jesus bist du gestorben und auferstanden!
Danke!

Manchmal tu ich mich mit meinem Glauben schwer:
Das Gebet ist mir zu mühsam,
der Gottesdienst zu langweilig,
die Forderungen meines Gewissens sind mir zu hoch.
Mein Glaube kommt mir dann vor wie ein Schiff,
das im Sturm hin- und hergerissen wird.
Doch ich will an mir arbeiten
und mich um meinen Glauben bemühen,
um den Sinn meines Daseins noch besser zu verstehen.

Ich hoffe, Gott, du hilfst mir dabei!

Unruhe, Hektik, Stress.
In aller Eile das Frühstück.
Lautes Getobe im Schulbus.
Viele verschiedene Lehrerstimmen.
Schülergewimmel auf dem Schulhof.
Walkman, CD-Spieler, Radio, Fernsehgerät.
Alles laut;
auch die Eltern manchmal,
die Geschwister erst recht.
Wie soll ich da zur Ruhe kommen?

Guter Gott,
du schenkst mir Geborgenheit,
bei dir kann ich mich ausruhen,
leise werden, Kraft schöpfen ...
für einen neuen lauten Tag.

Hin und wieder
sollte ich den Walkman weglegen
und in mich hineinhören.
Hin und wieder
sollte ich den Computer ausschalten
und durchs Fenster nach draußen schauen.
Hin und wieder
sollte ich das Fernsehgerät abschalten
und echten Menschen begegnen.
Hin und wieder
sollte ich meine Freunde verlassen
und mich ins Gras setzen.

Hin und wieder
sollte ich nicht reden,
sondern beten:
hören, was ich mir selbst nicht sagen kann.

Was kann …

Steine erweichen?
Mauern niederreißen?
Tränen trocknen?
Ängste aufbrechen?
Kummer vertreiben?
Dunkelheit erhellen?

Die Hoffnung,
nichts als die Hoffnung!
Nur wer Hoffnung hat,
sieht immer noch ein Licht
am Ende des Tunnels.

Guter Gott,
lass mich die Hoffnung niemals aufgeben.

Als Christ leben

Einen Tag lang möchte ich einmal
alles anders machen.

Ich würde dann wirklich einmal
dem anderen zuhören
und nicht dauernd
selbst reden wollen.

Ich würde dann wirklich einmal
mich in den anderen hineinversetzen
und nicht dauernd
in seiner Abwesenheit über ihn herziehen.

Ich würde dann wirklich einmal
den anderen in seiner Andersartigkeit annehmen
und nicht dauernd
ihn nach meinem Maßstab beurteilen.

Warum eigentlich nur einen Tag lang?

Tabletten bei Kopfschmerzen,
Pflaster bei offenen Wunden,
Gips bei Knochenbrüchen,
Salbe bei Verrenkungen.
Ein Glück, dass wir die Medizin haben!

Doch es gibt auch den inneren Schmerz,
die Verwundung unserer Gefühle,
den Bruch unserer Hoffnungen,
die Verrenkung unserer Seele.
Da helfen keine Tabletten!
Da helfen nur
ermutigende, tröstende und heilende Worte.

Guter Gott, lass mich bereit sein,
diese Worte zu sprechen,

wo sie nötig sind,
und lass Menschen um mich sein,
die mir diese Worte schenken,
wenn ich sie brauche.

Jesus,
unter Menschen ist es nicht immer leicht,
miteinander auszukommen.
Oft gibt es Missverständnisse und Streit.

Wenn ich ehrlich bin,
muss ich zugeben,
dass auch ich manchmal
schuld daran bin,
dass andere sich nicht wohl fühlen.
Manches habe ich falsch gemacht.
Das tut mir Leid!

Hilf mir,
meine Schuld wieder gutmachen zu können,
und lass mich neu anfangen.

Aus einem winzigen Samen
kann ein gewaltiger Baum werden,
aus einer unscheinbaren Raupe
ein farbenfroher Schmetterling,
aus einer kleinen Flamme
ein wärmendes Feuer,
aus einem winzigen Gedanken
eine großartige Idee.
Aus klein wird groß.

So ist es auch in meinem Leben!
Wage ich im Alltag ein wenig
Glaube, Liebe und Hoffnung,
dann kann etwas Großes daraus werden.

Herr, ich bitte um Vergebung:
für alles,
was ich hätte denken sollen
und doch nicht gedacht habe;
für alles,
was ich hätte sagen sollen
und doch nicht gesagt habe;
für alles,
was ich hätte tun sollen

und doch nicht getan habe;
für alles,
was ich hätte verschweigen sollen
und doch ausgesprochen habe;
für alles,
was ich hätte unterlassen sollen
und doch gemacht habe.

Einmal die Hand zur Vergebung reichen.
Einmal die Tür leise schließen.
Einmal für jemanden ein gutes Wort haben.
Einmal nicht denken: „Wie du mir, so ich dir."
Einmal danke sagen.
Einmal den anderen ausreden lassen.
Einmal jemandem den Arm auf die Schulter legen.
Einmal ein Geheimnis wirklich nicht ausplaudern.
Einmal nicht über einen anderen lästern.
Einmal jemandem – einfach so – etwas schenken.
Einmal!

Mein Gott, das kann doch nicht so schwer sein!

Oft gebe ich nur etwas her,
weil ich dafür etwas anderes bekomme;
ich tausche dann aber bloß etwas aus.

Wer wirklich schenkt,
erwartet keine Gegengabe.
Er ist freigebig und großzügig.
Er freut sich, wenn der andere sich freut.
Er verzichtet aus Liebe zum anderen
und trennt sich von dem, was er schenkt.

Herr, stärke meine Bereitschaft zum Schenken,
und mache mich selbst
zum Geschenk für die anderen.

Ich will bei der Wahrheit bleiben –
anderen und mir selbst gegenüber.
Ich will anderen und mir selbst nichts vormachen,
denn Lügen zerstört
Selbstachtung und Gemeinschaft.
Wenn ich anderen die Wahrheit sage,
will ich sie ihnen nicht um die Ohren schlagen
wie einen nassen Waschlappen,
sondern sie ihnen anbieten wie einen Mantel,

in den sie hineinschlüpfen können.
Die Wahrheit zu sagen oder einzugestehen
kann wehtun, schmerzhaft sein.
Aber nur wenn ich ehrlich mit den anderen umgehe,
können wir uns alle zum Guten verändern.

Guter Gott, schenke mir den Mut zur Wahrheit.

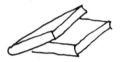

Schule kann ganz schön brutal sein:
Da ist ein Schüler,
der sich bei einer schlechten Note schämt,
und ich merke es nicht!
Da ist ein Lehrer,
der in seiner Familie große Probleme hat,
und ich merke es nicht!
Da ist ein Schüler,
der darunter leidet, dass man ihn nicht so mag,
und ich merke es nicht!
Da ist ein Lehrer,
der eine schlimme Krankheit hat,
und ich merke es nicht!
Da ist ein Schüler,
der gerne über seine Ängste sprechen möchte,
und ich merke es nicht!

42

Guter Gott,
lass mich meine Umgebung
aufmerksamer wahrnehmen,
damit ich rücksichtsvoller rede und handle.

Wer nur auf Kosten anderer glänzt,
ständig das letzte Wort haben will,
sich immer in den Vordergrund spielt,
stets lautstark seine Meinung äußert,
sich lediglich im Rampenlicht wohl fühlt,
der sollte mal einen Blick auf Jesus werfen:
Mit Sanftmut und Geduld,
mit Menschlichkeit und Gottvertrauen
hat er sogar den Tod besiegt.

Warum habe ich meine Augen,
wenn ich immer nur wegsehe?
Warum habe ich meine Ohren,
wenn ich immer nur weghöre?

Warum habe ich meine Stimme,
wenn ich immer nur schweige?
Warum habe ich meinen Körper,
wenn ich mich immer nur abwende?

Warum nicht
meine Augen und meine Ohren,
meine Stimme und meinen Körper
auch dann benutzen,
wenn's mal wirklich drauf ankommt?

O Gott, ich hasse es,
mich mit meinen Mitschülern zu streiten,
aber manchmal platzt mir wirklich der Kragen:
wenn sie schlecht über mich sprechen,
mich ungerecht beschimpfen
oder nicht mittun lassen.

Lass du mich dann daran denken,
dass du sie liebst,
und hilf mir, sie auch zu mögen,
wenn sie einmal gemein zu mir sind.

44

Jesus –
ein Name, so oft gehört.
Jesus –
aus dem Hebräischen übersetzt
heißt dieser Name: „Gott ist Hilfe!"

Und so verstanden
ist „Jesus" nicht nur ein Name,
sondern das Lebensprogramm
dieses Jesus von Nazaret.
Ein Programm,
nach dem sich auch heute noch zu leben lohnt!

Ein Krümel Hefe lässt den Teig erst gehen.
Eine Prise Salz macht den Salat erst lecker.
Ein Schuss Maggi würzt erst die Suppe.
Eine Messerspitze Pfeffer rundet die Sauce erst ab.
Ein bisschen Butter lässt die Kartoffel erst schmecken.
Ein wenig Zucker macht den Pudding erst süß.
Kleine Ursache, aber welche Wirkung!

Guter Gott, lass mich
ein wenig mutiger,

ein wenig toleranter,
ein wenig hilfsbereiter,
ein wenig liebender sein,
damit die Welt besser wird.

Lachen ist gesund!
Lachen ist gut für Leib und Seele.

Lachen kann aber auch verletzen und wehtun.
Lachen kann zum Spott und Hohn
für andere werden,
wenn ich sie auslache oder verlache.

Ich will mich nicht auf Kosten anderer belustigen,
sondern durch mein Lachen andere anstecken,
sich mit mir zu freuen
und das Leben mit Humor zu meistern.

Friede ist nicht nur eine Idee.
Friede, das sind vor allem Worte und Taten.
Den Frieden zu wollen ist gut,
den Frieden aber Wirklichkeit werden zu lassen
ist allemal besser.

Das Wort „Entschuldigung" laut auszusprechen,
den Kopf einmal nicht durchzusetzen,
jemandem ohne Bedingung zu verzeihen,
dem anderen etwas zu gönnen
und auf Neid zu verzichten,
die eigene Meinung rücksichtsvoll anzubringen,
das erst ist der Beginn echten Friedens:
heute, hier und jetzt.

Tränen wirklich trocknen,
Fehler wirklich verzeihen,
Verzweiflung wirklich aufbrechen,
Streit wirklich schlichten,
Angst wirklich lösen,
Krankheit wirklich heilen,
Mauern wirklich niederreißen,
das kann nur, wer wirklich liebt.

Guter Gott, hilf mir, wirklich zu lieben,
zu lieben ohne Vorbehalte und
ohne Hintergedanken.

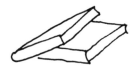

„Setz dich doch mal durch!"
„Lass dir nichts gefallen!"
„Allein der Dümmere gibt nach!"
„Du musst deine Ellbogen benutzen!"
„Nur der Starke ist mächtig!"
So versucht man mir einzutrichtern,
ohne Gewalt käme man zu nichts.

Ich will das nicht glauben!

Herr Jesus,
du warst sanftmütig, geduldig und mitfühlend,
du hast uns vorgelebt,
wie man ihn durchbrechen kann,
den Kreislauf von Schlag und Gegenschlag.
Bleibe du mir Vorbild,
damit die Welt ein wenig
sanftmütiger, geduldiger und mitfühlender wird.
Schenke mir die Kraft,
einer gewalttätigen Welt
mein Nein entgegenzusetzen.

Mein Gott, gib mir mehr Mut,
im Unterricht eine berechtigte Kritik zu äußern,
meinem Freund
eine unangenehme Wahrheit zu sagen,
mit einem schüchternen Schüler
ein Gespräch zu beginnen,
auf dem Pausenhof einen Trinkbecher aufzuheben,
im Sportunterricht Fairness zu beweisen,
mir selbst gegenüber ehrlich zu bleiben
und meinen Glauben offen zu bekennen.

Ich kann stundenlang fernsehen.
Ich kann stundenlang Musik hören.
Ich kann stundenlang vor dem Computer sitzen.
Ich kann stundenlang Fahrrad fahren.
Ich kann stundenlang Kartoffelchips essen.
Ich kann stundenlang in der Sonne liegen.

Ich möchte darüber nicht vergessen,
dass ich auch einmal
helfen, verzichten,
trösten, verzeihen,
danken oder beten kann.

Viele sagen:
„Da kann man nichts machen!"
„Das ist eben so!"
„Schicksal!"
„Pech!"

Guter Gott, ich will mich mit nichts abfinden,
nur weil es schon immer so war.
Ich will Fragen stellen und genauer hinsehen.
Ich will die Dinge nicht einfach hinnehmen,
wenn sie ungerecht sind

und dem Menschen schaden.
Guter Gott, gib mir die Kraft, kritisch zu bleiben
und an einer menschlicheren Welt mitzuarbeiten.

Es ist nicht immer leicht,
mit meinen Eltern auszukommen.
Es ist nicht immer leicht,
mit meinen Freunden auszukommen.
Es ist nicht immer leicht,
mit mir selbst auszukommen.

Es ist nicht immer leicht,
mit dir, Gott, auszukommen.
Es ist nicht immer leicht,
neu anzufangen.

Ich möchte es aber immer wieder versuchen!

Oft klage ich:
über das miese Wetter,
über zu hohe Preise,
über strenge Lehrer,
über zu viele Hausaufgaben,
über das schlechte Fernsehprogramm,
über die schwere Schultasche,
über alles Mögliche.
Das Klagen zieht sich
– fast wie ein roter Faden –
durch meinen Alltag.
Manche Klagen sind berechtigt,
andere nicht.

Wie wäre es,
wenn ich einen Tag lang einmal nicht klagte,
sondern mich nur freute:
über meinen Herzschlag,
über die Luft, die ich atme,
über meine Kleidung,
über mein Essen,
über meine Freunde,
über mein Leben?
Dann würde manches,
worüber ich mich so oft beklage,
in einem ganz anderen Licht erscheinen!

Herr Jesus,
irgendwie bewundere ich dich:
Du hast einfach das getan,
was du für gut und richtig hieltest.
Selbst wenn es den anderen nicht passte,
bist du deinen Weg gegangen,
ohne Umwege, unbeirrt, geradeaus.

Auch heute brauchen wir Menschen,
die nicht auf Kosten anderer Erfolg suchen;

die sich nicht einschmeicheln
bei den Vorgesetzten, bei den Reichen,
bei den Mächtigen;
die ihre Fäuste nicht einsetzen;
die aufrichtig und treu sind.

Ich möchte ein solcher Mensch werden,
das wäre für mich das Größte.
Herr, hilf mir dabei
und beschenke mich damit,
dass ich im Leben
vielen solchen Menschen begegne.

„**Kämm** dich doch mal!"
„Zieh dir doch was anderes an!"
„Halt dich doch da raus!"
„Sei doch leise!"
„Arbeite doch mehr!"
„Iss doch was!"
„Nimm dir doch ein Beispiel daran!"
„Halt doch deinen Mund!"

So kann es nicht weitergehen!
Wir müssen menschlicher miteinander sprechen.

Guter Gott,
lass meine Eltern weniger nervös sein
und lass mich erkennen,
dass auch an mir noch einiges zu verbessern ist.

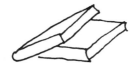

Vater,
es gibt so viele einsame Menschen.
Manche leben vielleicht in unserem Haus
oder nebenan.
Andere treffe ich auf dem Schulhof
oder in meiner Klasse.
Oft merke ich gar nicht, wie allein sie sich fühlen.

Lass mich Ausschau halten nach Menschen,
die so gerne meine Freunde werden wollen,
sich aber nicht trauen, es mir zu sagen.
Lass mich ohne Vorurteil auf sie zugehen,
sie ansprechen
und ihnen meine Freundschaft anbieten.

„Liebe"
ist ein viel gebrauchtes Wort.
Es gibt Liebesperlen, Liebesknochen
und Liebesäpfel.
Es gibt Gottesliebe, Nächstenliebe und Selbstliebe.

Weiß ich, was dieses Wort „Liebe"
eigentlich bedeutet?
Was es heißt, Gott, den anderen
und sich selbst zu lieben?
Ich will die Antwort darauf suchen, täglich neu.

Es ist nicht wichtig,
immer im Mittelpunkt zu stehen.
Es ist nicht wichtig,
immer an der Spitze zu sein.
Es ist nicht wichtig,
immer Recht zu haben.
Es ist nicht wichtig,
immer der Stärkere zu sein.

Wichtig ist es,
sich nicht mit fremden Federn zu schmücken.
Wichtig ist es,
niemanden an die Wand zu drücken.
Wichtig ist es,
die Meinung anderer zu respektieren.
Wichtig ist es,
dem Schwachen beizustehen.

Guter Gott, hilf mir, zu erkennen,
was in meinem Leben wirklich wichtig ist.

Sich selbst finden

In einem Heißluftballon um die Erde fliegen,
auf einem Pferd zur Schule kommen,
ohne Angst vom Zehnmeterbrett springen,
vor hunderttausend Zuhörern ein Lied singen,
einen dreifachen Salto aus dem Stand vollbringen,
ohne Vorbereitung die beste Mathearbeit schreiben,
das entscheidende Tor zur Meisterschaft erzielen:
All das kann ich!
Ich brauche nur ein wenig …
Phantasie!

Guter Gott, erhalte mir die Phantasie,
damit mein Leben voller Farben bleibt.

Manchmal ist es gut,
nachzufragen, nein zu sagen,
Kritik zu üben,
gegen den Strom zu schwimmen.

Das ist nicht immer leicht,
das erfordert oft Mut.
Das kann mir den Spott der anderen einbringen
oder sogar persönliche Nachteile.

Doch es lohnt sich,
noch in den Spiegel schauen und sagen zu können:
„Du bist dir treu geblieben!"

Danke, guter Gott,
dass du mich gewollt hast.
Danke für alles, was ich kann:
fürs Laufen und Springen,
fürs Denken und Fühlen,
fürs Reden und Tun.
Lass mich all meine Fähigkeiten
so einsetzen,
dass es dir gefällt
und meinen Mitmenschen gut tut.

Mein Gott, was lerne ich alles!
Täglich, wöchentlich, monatlich.
Ich häufe dabei eine Menge Wissen an.

Doch das genügt nicht!
Ich muss auch lernen,
dieses Wissen verantwortlich anzuwenden
und zum Wohle aller einzusetzen.

Guter Gott, man hört oft:
„Wissen ist Macht!"
Hilf mir, diese Macht nie zu missbrauchen.

Ich bin nicht vollkommen, Herr.
Ich habe schon meine Fehler.
Aber ich weiß,
dass nichts und niemand
dich davon abhalten kann,
mich so zu lieben,
wie ich bin.
Dafür müsste ich dir eigentlich
viel öfter danke sagen.

Meine Familie möchte,
dass aus mir einmal etwas wird.
Meine Lehrer erwarten,
dass ich im Unterricht gut mitmache.
Meine Freunde hoffen,
dass ich immer für sie da bin.
Mein Trainer will,
dass ich mehr Leistung bringe.
Alle erwarten etwas von mir.

Ich selbst möchte mich ja bemühen,
doch ich weiß,
dass ich manchen Erwartungen

nicht gerecht werden kann.
Ich bin auch nur ein Mensch und keine Maschine.

Lieber Gott, hilf mir,
meine Talente so gut zu entfalten, wie es geht,
und lass meine Mitmenschen
mit mir nachsichtig sein,
wenn ich ihre Wünsche einmal nicht erfüllen kann.

Ich bin ich –
unverwechselbar:
wie ich gehe, wie ich spreche,
wie ich weine, wie ich lache,
wie ich denke, wie ich fühle.
Ich bin einmalig,
so wie die Linien in meiner Hand.

Wenn ich mir das so überlege:
„Ich bin einmalig!“,
dann kann mich dieser Gedanke
ganz schön stolz machen
und auch unheimlich froh.

Guter Gott,
manchmal habe ich richtig schlechte Laune.
Am liebsten würde ich mich dann verkriechen,
bis der „Anfall" vorbei ist.
Das ist aber nicht immer möglich.

Ich bitte dich deshalb:
Hilf denen, die mit mir zusammen sind,
die Zeiten meiner üblen Laune
unbeschadet zu überstehen.
Und mich lass so an mir arbeiten,
dass ich nicht zum Spielball meiner Launen werde.

Ich sitze am Schreibtisch.
Ich sollte Hausaufgaben machen,
doch ich kann mich nicht konzentrieren.
Meine Gedanken schweifen
immer wieder ab, ziellos.

Ich weiß nicht, was mit mir los ist:
Ich bin ohne Energie, ohne Pep, ohne Mumm.
Ich ärgere mich dann oft über mich selbst,
aber es fällt mir schwer, neuen Schwung zu finden.

Gott, steh mir bei
in den Formkrisen meines Gemüts.

„Zeit ist Geld!"
„Morgenstund hat Gold im Mund!"
„Kommt Zeit, kommt Rat!"
„Die Zeit rennt mir davon!"

Ich spüre:
Zeit ist ein kostbares Gut,
freie Zeit und verplante Zeit.
Ich will mir die Zeit besser einteilen:
Zeit zum Arbeiten, Zeit zum Faulenzen.
Zeit für andere, Zeit für mich, Zeit für dich.

Herr, lass mich meine Zeit gut einteilen,
damit ich nicht irgendwann
enttäuscht feststellen muss:
„Zu spät!"

Ich will keine Marionette sein,
die an Fäden hängt,
die andere bewegen.
Ich will mein Leben selbst gestalten
und Verantwortung da übernehmen,
wo es möglich ist.
Ich will Menschen treffen,
die mir mit ihrer Erfahrung helfen,
ohne mich zu überrumpeln.

Herr, lass mich nicht auf das Urteil
anderer schielen,
sondern so handeln, dass ich vor dir bestehe.

Auch wenn mich manches an ihm stört:
Ich darf stolz sein auf meinen Körper!

Mein Herz schlägt wie von alleine.
Ich kann atmen.
Ich kann wild in die Hände klatschen.
Ich kann mit meiner Stimme
sprechen oder schreien, murmeln oder lachen.
Ich kann meinen Körper verbiegen,
mich ganz klein oder ganz groß machen …

All das ist nicht selbstverständlich.
Ich will deshalb gut auf meinen Körper achten,
ihn pflegen und vor Schaden bewahren.

Danke, mein Gott, für meinen Körper.

Guter Gott,
niemand ist wie der andere.
Auch ich habe meine Stärken
und meine Schwächen.
Ich bin halt nicht perfekt; ich bin Mensch.

Hilf mir deshalb, nicht ständig zu versuchen,
den anderen so zu drehen, wie ich ihn haben will,
sondern ihn so zu respektieren, wie er ist.
Anders ist kein Friede möglich.

Manchmal kommt mir die Welt
ziemlich kompliziert vor!
Die Erwachsenen reden über Dinge,
die ich nicht verstehe.
In den Nachrichten höre ich Worte,
die mir vorher noch nie begegnet sind.
In der Zeitung stehen Berichte,
deren Sinn ich nicht genau erkenne.
Im Matheunterricht frage ich mich oft:
„Wer hat sich das wohl ausgedacht?"

Lieber Gott, hilf mir,
dass ich da durchblicke
und dass ich lerne,
das Wichtige vom Unwichtigen zu unterscheiden.

Guter Gott, vieles macht es mir schwer,
meinen persönlichen Weg zu finden.
Die vielen unterschiedlichen Meinungen
in der Zeitung, im Radio und im Fernsehen
machen mich unsicher.
Was soll ich ablehnen?
Was soll ich übernehmen?
Was soll ich glauben?

Herr, hilf mir,
meinen Standpunkt in dieser Welt zu entdecken,
und lass mich nie aufhören,
nach dem Wahren und Guten zu suchen.

Bisweilen habe ich Angst:
Angst vor der Dunkelheit,
Angst vor der Einsamkeit,
Angst vor Fremden,
Angst vor der Zukunft,
Angst vor der Angst.

Guter Gott, du wirst alles zum Guten wenden.
Deshalb brauche ich keine Angst zu haben.

Nichts kann mich so schrecken,
dass ich daran zerbrechen müsste.

Schenke mir Menschen,
mit denen ich offen
über meine Angst sprechen kann,
die mich nicht auslachen
oder meine Angst ausnutzen.

Deine Treue kann mir helfen,
meine Angst zu überwinden.

Manchmal
möchte ich mehr Zeit haben:
mehr Zeit für meine Freunde,
mehr Zeit für meine Hobbys,
mehr Zeit für mich selbst.

Guter Gott, hilf mir,
so mit meiner Zeit umzugehen,
dass ich immer genug von ihr habe:
für meine Freunde,
für meine Hobbys
und für mich selbst.

Es gibt Tage,
da bin ich so richtig ausgelassen!
Schon morgens beim Aufstehen
summe ich meinen Lieblingssong
und hüpfe auf einem Bein ins Badezimmer.
Das Duschwasser drehe ich von heiß auf kalt,
und vor dem Toilettenspiegel schneide ich Grimassen.
Am Frühstückstisch höre ich mehrmals:
„Sei doch nicht so albern!",
und in der Schule meinen manche Lehrer:
„Du benimmst dich heute wie ein kleines Kind!"

Lasst mich doch noch ein wenig Kind sein!
Mein Gott, ich bin doch noch nicht erwachsen!

Ich bin jung,
fast das ganze Leben liegt noch vor mir.
Was wird es mir bringen?

Gefahren werden mir begegnen,
mit Enttäuschungen
werde ich fertig werden müssen,
Leid wird mir nicht erspart bleiben,

und so manche Träne wird vergossen werden.
Doch es wird auch Momente des Glücks geben,
Zeiten der Freude und der Zufriedenheit.

Und wenn einmal die Stunde kommt,
von dieser Welt Abschied zu nehmen,
dann hoffe ich sagen zu können:
„Es war gut, dass ich da war!"

Lieber Gott,
an manchen Tagen stürzt so viel auf mich ein,
dass ich das Gefühl habe,
gar nichts mehr geregelt zu bekommen.
Ich bitte dich:
Gib mir in diesen Zeiten der Unruhe und der Hektik
die Gelassenheit und die Geduld,
die Dinge auf mich zukommen zu lassen,
und schenke mir Menschen, die mir dabei helfen.

Manchmal könnte ich in die Luft gehen!
Dann werde ich ganz laut,
und die Zornesröte steigt mir ins Gesicht.
Ich werde richtig ungenießbar,
und kein Tischbein ist mehr vor mir sicher.

Guter Gott, auch ich habe ein Recht darauf,
meinem Ärger einmal Luft zu machen.
Lass mich dabei aber nie so weit gehen,
dass ich anderen mit Worten oder Taten wehtue.

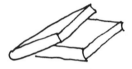

„**Was,** du betest noch regelmäßig?"
„Du gehst noch zur Messe?"
„Du findest den Reliunterricht wichtig?"
„Du bist noch gerne Messdiener?"
„Du glaubst noch an Gott?"
Wer so mit mir redet,
hat keine Ahnung von Gott und der Welt;
der ist auf einem Auge blind.

Ich aber will das Ganze sehen,
mich nicht mit dem Alltäglichen zufrieden geben
und deshalb auch nicht aufhören zu fragen,

was mein Leben wirklich sinnvoll macht.
Das ist nicht immer ganz einfach,
aber was ist schon einfach zu haben,
wenn Wichtiges auf dem Spiel steht?

Lieber Gott, zeig mir,
welche Richtung ich meinem Leben geben muss,
um glücklich zu werden.

Lieber Gott!
Manchmal
könnte ich die Welt umarmen,
ein anderes Mal
will ich niemanden sehen.
Manchmal
gelingt mir etwas auf Anhieb,
ein anderes Mal
stelle ich mich an wie der erste Mensch.
Manchmal
rede ich wie ein Wasserfall,
ein anderes Mal
liege ich still in meinem Zimmer
und starre an die Decke.

Manchmal
macht mir das Lernen Spaß,
ein anderes Mal
ist mir alles zu viel.
Manchmal
finde ich mich selbst in Ordnung,
ein anderes Mal
wage ich kaum in den Spiegel zu schauen.
Manchmal
bin ich himmelhoch jauchzend,
ein anderes Mal
zu Tode betrübt.

Man sagt, ich würde halt langsam erwachsen.
Aber etwas mehr Ausgeglichenheit
wäre mir trotzdem ganz lieb.

Jeder Tag ist neu und einmalig;
es gibt keinen zweiten gleichen.
Und doch kommt mir oft
ein Tag wie der andere vor,
so gewöhnlich und all-täglich.

Gott, hilf mir, dass ich heute,
an diesem ganz normalen Werktag,
daran denke, dass jeder Tag wertvoll
und ein kleiner, aber wichtiger Abschnitt
auf dem langen Weg meines Lebens ist.
Hilf mir,
dass ich diesen heutigen Tag
so sehen und *so* leben kann,
mit allem, was er bringen mag.

Gott, jede und jeder von uns
hat Stärken und Schwächen.
Lass mich entdecken,
was alles in mir steckt.
Lass mich herausfinden,
wie und wofür ich begabt bin.
Lass mich dankbar sein für das,
was ich kann!
Lass mich aber auch
meine Grenzen erkennen und annehmen.

Ja, ich bin nicht immer schuldig!
Ich bin nicht nur der Sünder!
Jeden Tag kämpfe ich auch
gegen meine Schwächen,
gegen tausend Verführungen,
gegen Trägheit, gegen Vorurteile,
gegen billige Lösungen, gegen faule Kompromisse.
Jeden Tag verzichte ich auch
auf Bequemlichkeiten, aufs Nachschwätzen,
aufs Mitschwimmen, aufs Davonlaufen.
Bei zig Entscheidungen gebe ich mein Bestes.

Lieber Gott, das ist verdammt schwierig –
und muss deshalb auch einmal gesagt werden!
Bitte geh weiter mit mir auf meinem Weg.

Manchmal fällt mir die Decke auf den Kopf!
Es ist mir dann alles zu viel,
und jedes Wort kann zum roten Tuch werden.
Es geht mir dann vieles schief,
und ich ärgere mich über jeden,
auch wenn er es gut mit mir meint.

Ich bin dann richtig unausstehlich
und kann mich selbst nicht leiden.

Guter Gott,
lass mich diese Zeiten überstehen
und die anderen einsehen,
dass auch ich nicht nur gute Laune haben kann.

Ich wache gut gelaunt auf.
Ich habe geträumt,
ich könnte fliegen wie ein Vogel:
über Täler und Berge,
über Städte und Dörfer
über Felder und Wiesen.
Ich fühle mich so richtig frei!

Nun liegt ein neuer Tag vor mir:
mit vielen Pflichten und Freiheiten,
mit Erfolgen und Niederlagen,
mit Trauer und Freude.

Guter Gott, lass mich diesen Tag bestehen,
meine Verantwortung spüren und wahrnehmen,

mich den Aufgaben stellen und sie gut meistern.
Lass mir aber auch heute ein wenig Zeit ...
zu fliegen!

Manchmal,
da fehlt sie mir,
die innere Ruhe,
die Zeit,
die ich brauche,
um durchzuatmen!

Morgens Schule,
nachmittags Hausaufgaben,
dann die vielen privaten Verpflichtungen,

Abendessen,
vergessene Hausaufgaben,
Sorgen.
Die Tage gehen so schnell vorbei!

Guter Gott, schenke mir in der Hektik des Alltags
immer wieder Augenblicke der Stille,
in denen ich wieder zu mir selbst finde –
und zu dir.

Ich habe oft Angst!
Angst
vor Gewittern,
vor Klassenarbeiten,
vor bestimmten Menschen.
Angst
vor Krankheit,
vor der Dunkelheit,
vor der Zukunft.
Ich weiß:
Angst ist an sich nichts Schlechtes,
aber sie macht mich manchmal ganz schön fertig.

Guter Gott, hilf mir,
meine unbegründeten Ängste zu überwinden,
damit ich die Aufgaben, die vor mir liegen,
mit Optimismus bewältige.

Schon Tage vor einer Klassenarbeit
werde ich ganz zappelig.
Habe ich alles richtig verstanden?
Habe ich genug gelernt?
Wird es eine gute Note geben?
Die Minuten kurz vor der Arbeit
sind die schlimmsten.
Meine Mitschüler scheinen völlig locker!
Bin ich etwa der Einzige, der nervös ist?

Guter Gott,
ich hasse diese Nervosität vor Arbeiten.
Sie macht mich manchmal ganz fertig.
Hilf mir, mit solchen Situationen
besser fertig zu werden
und darauf zu bauen, dass ich vor dir
nie versagen kann.

Jesus, auch du hattest Freunde,
die dir besonders nahe standen:
die Apostel und die Jünger.
Du wusstest,
wie schön es war,
mit ihnen zusammen zu sein.
Aber du kanntest ebenso das Gefühl,
von ihnen verlassen und verraten zu werden.

Bitte, sorge du für meine Freunde,
und hilf mir, ihnen ein guter Freund zu sein.

Herr Jesus, du weißt, wie es ist,
wenn man traurig und bedrückt ist.

Hilf mir, wenn ich Kummer habe.
Wenn ich unsicher bin, gib mir Mut,
die Schwierigkeiten anzugehen
und dem entgegenzutreten,
was mir Sorgen macht.
Wenn ich unglücklich bin,
lass mich getröstet werden
in dem Bewusstsein, dass du da bist.

Gib, dass ich dir meine Sorgen anvertraue,
weil du mich verstehst.

Irgendeinen Sport mag jeder:
Tischtennis oder Turnen,
Fußball oder Handball,
Gymnastik oder Leichtathletik,
Badminton oder Schwimmen.
Für jeden ist etwas dabei!
Nur - siegen kann nicht jeder.

Trotzdem: Schon mitmachen ist schön,
einmal so richtig außer Atem kommen,
fair mit den anderen umgehen,
sich über eine gelungene Aktion freuen,
dem Gegner am Ende
freundschaftlich die Hand reichen
und nachher
unter einer erfrischenden Dusche stehen.
Das macht jeden zum Gewinner.

Danke, guter Gott,
für jeden sportlichen Wettkampf.

Was soll mir schon passieren?
Es gibt Feuerlöscher und Airbags,
Notausstiege und Sicherheitsgurte,
rutschfeste Schuhe und reflektierende Kleidung,
Kranken- und Lebensversicherungen.
Alles zu meiner Sicherheit.
Alles zu kaufen.

Echte Freunde aber, ein gutes Gewissen,
Zufriedenheit, Glücksgefühle,
erfülltes Dasein, Lebenssinn,
das ist nicht zu kaufen
und doch genauso lebenswichtig!

Guter Gott, lass mich nicht nur um mein äußeres,
sondern auch um mein inneres Heil bemüht sein.

Es gibt nicht nur den knurrenden Magen,
es gibt auch den Hunger nach Liebe.
Es gibt nicht nur die trockene Zunge,
es gibt auch den Durst nach Gerechtigkeit.

Ich sollte mich um beides kümmern,
um meinen Körper und um meine Seele,
wenn ich wirklich glücklich werden will.

Wenn man immer nur das sagt,
was die anderen sagen,
wenn man immer nur das tut,
was die anderen tun,
wenn man nie versucht,
seinen eigenen Weg zu gehen,
wenn man nie zu sagen wagt:
„Ohne mich!",
dann bleibt man immer nur
ein Abziehbild der anderen, eine Kopie.

Guter Gott, schenke mir die Kraft,
Misserfolge zu riskieren
und auf den Weg zu achten,
den du mir zeigst.

Ich habe scheinbar alles!
Ein Fernsehgerät im eigenen Zimmer.
Den neuesten Computer auf dem Schreibtisch.
Die aktuellsten CDs im Regal.
Den letzten Schrei im Kleiderschrank.
Was geht es mir doch gut!

Aber geht es mir wirklich schon gut,
wenn ich das alles besitze?
Was nützt mir das denn alles,
wenn ich ständig unzufrieden
nach noch mehr schiele?

Guter Gott, lass mich spüren,
was eigentlich zählt im Leben:
Glaube, Hoffnung und Liebe.

Unsere Welt – Gottes Schöpfung ___

Lieber Gott, ich mache mir Sorgen um die Zukunft.

Was wird einmal aus unserer Erde werden?
Ich höre so viel von
Ozonloch, Waldsterben und
Verschmutzung des Wassers!

Was wird einmal aus meiner Familie werden?
Ich höre so viel von
Scheidung, Arbeitslosigkeit
und schlimmen Krankheiten!

Was wird einmal aus mir werden?
Ich höre so viel von
Drogen und Gewalt!

Was einmal kommen wird, ich weiß es nicht.
Aber im Vertrauen darauf,
dass du mich nie fallen lässt,
brauche ich trotz allem
keine Angst vor der Zukunft zu haben.

Ich will meinen Teil zu einer guten Zukunft beitragen.

Guter Gott, hab Dank für allen Spaß:
für das Laufen durch warmen Sommerregen,
für das Flitzen mit dem Fahrrad,
für das Klettern auf Bäumen,
für das Herumalbern mit Freunden,
für heimliche Verstecke,
für einen gelungenen Streich,
für die Bauchschmerzen vor lauter Lachen.

Es tut gut, viel Spaß zu haben
und andere mit unserer Freude anzustecken.

Könnten doch alle Menschen so viel Spaß haben!

Mein Gott, in dieser Welt gibt es viele Mächte:
die Macht der Sucht,
die Macht der Gewalt,
die Macht des Fernsehens,
die Macht der Zeitung,
die Macht des Geldes,
die Macht der Werbung,
die Macht der Meinungsmacher
und die Macht der Mächtigen.

Ich möchte diesen Mächten nicht unterliegen,
sondern einen klaren Kopf bewahren
und meinen Standpunkt finden.
Dabei vertraue ich auf dich, guter Gott,
denn *du* willst nicht über mich herrschen,
du willst mein Partner sein.

Danke
für mein Leben.
Danke
für meine Freunde.
Danke
für meine Gesundheit.

Danke
für das Spiel.
Danke
für Essen und Trinken.
Danke
für hilfsbereite Menschen.
Danke
für meinen Körper.
Danke
für alle Freude.

Danke für alles, guter Gott.

Ich sage euch jetzt,
woran ich nicht glaube:
Ich glaube nicht an Horoskope,
nicht an die Macht der Sterne.
Ich glaube nicht
an die Versprechen der Werbung,
nicht an die Glitzerwelt der Geschäfte.
Ich glaube nicht an Glück,
nicht an Schicksal und nicht an Zufall.

Woran ich glaube?
Ich glaube
an die Kraft der Liebe
und das Gute im Menschen,
an die Würde eines jeden Geschöpfs
und an die Botschaft Jesu:
„Gott ist der Vater aller,
und allein er wird die Welt
einmal ganz heil machen."

Vater unser,
du bist ein Gott des Friedens,
Jesus hat es uns vorgelebt.

In der Welt aber ist immer noch
viel Unfrieden und Hass.
Viele Menschen leben in Kriegsgebieten.
Viele müssen ihre Heimat verlassen.
Viele werden getötet,
damit andere mächtig bleiben.

Ich verstehe das alles nicht, Herr,
was kann ich da schon tun?

Vielleicht muss ich einfach bei mir selbst beginnen.
Das ist nicht leicht, und der Wille dazu fehlt mir oft.
Und trotzdem:
Der Friede muss ganz klein anfangen,
damit er wachsen und sich ausbreiten kann.

Guter Gott,
lass mich zu einem Werkzeug
deines Friedens werden.

Ich habe Kaulquappen aus einem Tümpel gefischt.
Ich setze sie in eine alte Wanne mit Wasser.
Ich füge Erde, Steine und Grünzeug hinzu.

Ich beobachte sie jeden Tag.
Sie wachsen und verändern sich.
Sie machen eine Verwandlung durch.
Die ersten Frösche sind zu sehen.

Das ist Schöpfung!
Ich staune.
Ich nehme mir vor,
wieder mehr zu staunen im Leben.

Butterbrote auf Treppenstufen,
Papiertaschentücher auf Fußböden,
geliehene Schulbücher
zerschlissen in Schultaschen,
zerbrochenes Glas vor Getränkeautomaten,
mit dummen Sprüchen bekritzelte Bibeln,
beschmierte Schultische in Klassenräumen,
Unmengen Papier auf dem Schulhof.

Mein Gott,
auch ich müsste mein Verhalten ändern:
das Eigentum anderer mehr achten
und sorgfältiger mit dem umgehen,
was man Verantwortung nennt.
Lass mich schon heute damit beginnen!

Gestern beobachtete ich vom Fenster,
wie eine unscheinbare Amsel ihre Jungen fütterte.
Jedes bekam seinen Teil
von einem dicken Regenwurm.
Dann säuberte die Mutter das Nest,
damit der Nachwuchs sich wohl fühlte.

Als die Amsel mich am Fenster bemerkte,
breitete sie sofort ihre Flügel
schützend über die Jungen.
Und immer wieder, unermüdlich, flog sie fort,
um etwas für die hungrigen Schnäbel zu besorgen.

Guter Gott, ich glaube,
die Amsel kann zum Gleichnis für dich werden:
Unscheinbar sorgst auch du für uns.

Herr,
ich danke dir für die Musik.
Sie entführt mich oft in eine andere Welt.
Sie erzeugt in mir Stimmungen und Gefühle,
die ich sonst nicht kenne:
Einmal
kann ich wie wild lostanzen,
ein anderes Mal
werde ich still und nachdenklich.

Herr,
ich danke dir für die Musik.
Sie macht mein Leben reicher.

Mit Wasser kann man:
eine Schlacht machen,
Blumen gießen,
sich erfrischen,
Eis zubereiten,
Leute bespritzen,
Feuer löschen,
Durst stillen,
Flecken beseitigen
oder Menschen taufen.

Wasser ist ein wahres Wundermittel.
Deshalb müssen wir verantwortlich
damit umgehen!
Wir dürfen es weder verschwenden
noch verschmutzen,
damit wir auch in Zukunft Wasser haben.

Was wäre die Welt ohne Lachen?
Was wäre die Welt ohne Abenteuer?
Was wäre die Welt ohne Sehnsucht?
Was wäre die Welt ohne Liebe?
Was wäre die Welt ohne Geheimnisse?
Was wäre die Welt ohne Gott?

Es wäre eine Welt
ohne Lachen und ohne Abenteuer,
ohne Sehnsucht und ohne Liebe,
ohne Geheimnisse und ohne Gott!
Es wäre keine Welt!

Eine Pflanze stirbt,
wenn sie kein Wasser bekommt.
Ein Tier stirbt,
wenn es kein Futter bekommt.
Ein Säugling stirbt,
wenn er keine Liebe bekommt.
Das Wort „Gott" stirbt,
wenn es niemanden mehr gibt,
der es ausspricht.

Guter Gott, ich bin nicht redegewandt,
aber ich will trotzdem nicht aufhören,
von dir zu reden,
damit du nicht vergessen wirst.

Ich träume von einer besseren Erde,
mit Menschen,
die alle satt werden,
die den Frieden suchen und nicht den Streit,
die einfach so miteinander sprechen,
ehrlich und frei,
ohne Ängste und ohne Hintergedanken.

Ich träume von einer besseren Erde,
mit Erwachsenen,
die ihren Kindern Flügel verleihen,
mit Alten,
die mit den Jungen eng zusammenleben,
mit Kindern,
die ihren eigenen Weg gehen dürfen.

Ich träume und befürchte:
Es bleiben Träume.

Und doch habe ich die große Hoffnung,
dass Träume auch Wirklichkeit werden können.
Man muss nur selbst ein wenig mithelfen.

Ich lebe nicht im Paradies!
Immer noch gibt es
Gewalt und Hunger,
Neid und Eifersucht,
Geiz und Verschwendung,
Krankheit und Tod.

Gott, ich kann das Paradies nicht schaffen,
aber ich will das mir Mögliche tun,
damit diese Welt ein wenig besser wird.
Das, woran ich scheitere,
kann ich getrost dir überlassen.
Du wirst alles vollenden.

Raketen können auf dem Mond landen,
Roboter menschliche Arbeitskraft ersetzen,
Fernrohre in riesige Weiten vordringen,
Computer komplizierteste Maschinen steuern,
Mikroskope kleinste Teilchen sichtbar machen.

Aber
ein Gänseblümchen herstellen,
das Lachen eines Kindes erzwingen,
den Ausgang eines Fußballspiels vorhersagen,
Ursprung und Ziel des Weltalls bestimmen,
das kann die Wissenschaft nicht.

Ich danke dir, Gott, dass es die Wissenschaft gibt.
Und ich danke dir auch, dass sie nicht alles kann.

Ein paar warme Sonnenstrahlen,
Musik aus dem Radio,
ein knuspriges Brötchen mit Butter,
den Schulbus gerade noch erwischt,
die Arbeit doch nicht verhauen,
ein leckeres Mittagessen,
keine Hausaufgaben:
Das ist alltägliches Glück!

Auch du, Gott, willst,
dass ich froh bin, Tag für Tag.
Aber du willst noch mehr:
Du willst mein ewiges Glück!

Während wir im Überfluss ersticken,
verhungern täglich Menschen
auf der anderen Seite der Erde.

Ich will
mich nicht einfach damit abfinden.
Ich will
nicht schweigen
zu diesem himmelschreienden Unrecht.
Ich will
mich bemühen um eine neue Einstellung
zu dieser Welt.
Ich will
anfangen, öfter zu teilen und einfacher zu leben.

Gott, hilf mir dabei!

Heute bete ich für alle,
die Opfer sind von Krieg und Terror,
die vor Hunger schreien,
die menschenunwürdig wohnen,
die gequält werden,
die keine Arbeit haben,
die im Leben ständig zu kurz kommen,
die krank sind,
die im Sterben liegen.

Guter Gott, steh ihnen bei,
und schenke ihnen Menschen,
denen ihr Schicksal nicht gleichgültig ist.

Geparde können schneller laufen als wir.
Adler können besser sehen als wir.
Eulen können besser hören als wir.
Hunde können besser riechen als wir.
Affen können besser klettern als wir.
Delphine können besser schwimmen als wir.

Viele Tiere können vieles besser als wir.
Und auch sie sind Geschöpfe Gottes.

Wir sollten deshalb jedes Tier achten
und nicht meinen,
wir dürften alles mit ihm tun, was wir wollen.

Ich sehe weiß und schwarz, Herr.
Ich sehe weiße Zähne in einem schwarzen Gesicht.
Ich sehe schwarze Augen in einem weißen Gesicht.
Jesus, mach, dass ich einfach Menschen sehe,
nicht Schwarze oder Weiße, Rote oder Gelbe,
sondern einfach nur: Menschen.

Wenn ich morgens früh wach werde
und nicht mehr einschlafen kann,
erlebe ich die Welt ganz anders.
Trete ich an das geöffnete Fenster,
höre ich nur das Gezwitscher der Vögel.
Sonst höre ich nichts.
Die Luft ist noch kühl, angenehm frisch.
Die Sonne versteckt sich am Horizont.
Das Dunkel der Nacht
weicht einem bläulichen Himmel.
Alles erscheint so friedlich.
Ich atme einmal tief durch, ich tanke auf.
Was der Tag auch bringen mag,
ich bin gewappnet, fühle mich bärenstark.

Danke, lieber Gott, für diese Momente des Glücks.
Sie geben mir Kraft und Zuversicht!
Und ich ahne etwas von dem,
was man Erlösung nennt.